En mi propio jardín

por **Judi Kurjian**

Ilustrado por **David R. Wagner**

Charlesbridge

Publicado por
Charlesbridge Publishing
85 Main Street, Watertown, MA 02172 • (617) 926-0329

Library of Congress Cataloging-in Publication Data
Kurjian, Judi.
   [In my own backyard. Spanish]
   En mi propio jardín / por Judi Kurjian; ilustrado por David R.
Wagner; [traducido por Mariflor Salas].
      p.   cm.
   ISBN 0-88106-811-X (softcover)
   ISBN 0-88106-644-3 (library reinforced)
   [1. Space and time — Fiction. 2. Spanish language materials.]
I. Wagner, David, 1940 –   ill. II. Title
PZ73.K75   1994   93-41496
                                                    CIP
                                                    AC

Impreso en Hong Kong
(sc) 10 9 8 7 6 5 4 3 2 1
(lb) 10 9 8 7 6 5 4 3 2 1

Impreso en papel reciclado

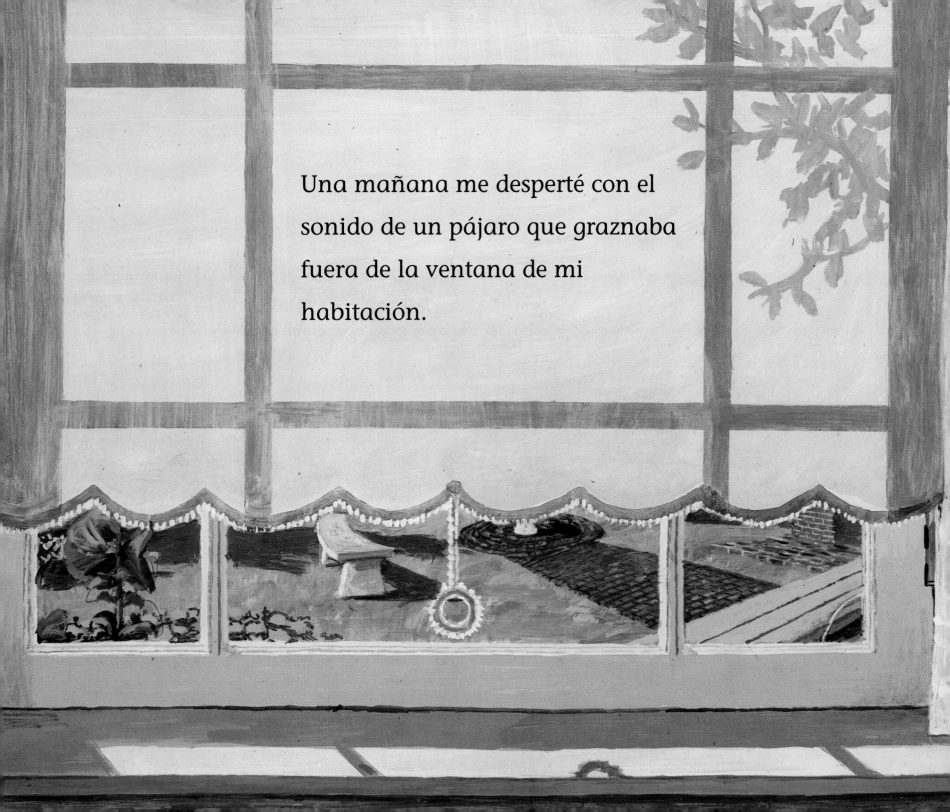

Una mañana me desperté con el sonido de un pájaro que graznaba fuera de la ventana de mi habitación.

Mientras subía la persiana, me pregunté cuántos otros arrendajos habrían vivido en mi jardín. Y cuánta gente habría estado donde yo estaba, observando este mismo lugar.

Para mi sorpresa, mientras miraba el paisaje que se extendía desde el jardín de mi mamá hasta el arroyo, todo comenzó a parecerse a una granja. La gente estaba cortando el heno con guadañas antiguas como las que había visto en cuadros. Al lado del arroyo había una vieja y extraña construcción con una rueda hidráulica. Las colinas eran campos arados para cultivar heno y maíz. Lo que yo estaba viendo desde mi ventana era mi jardín, ¡cien años atrás!

Cerré los ojos y sacudí la cabeza. Cuando volví a mirar, ya no estaba la granja. Unas personas estaban utilizando una yunta de bueyes para arrastrar el tronco de un árbol hasta la construcción situada al lado del arroyo. Era un aserradero antiguo. Había allí hombres que empujaban los troncos hacia una gran sierra, que los cortaba en forma de maderos. Quizás estos maderos del aserradero se usarían para construir casas y establos para los primeros granjeros de aquel lugar.

De repente, el aserradero desapareció delante de mis ojos. Una carreta cubierta y un grupo de colonos trataban de encontrar el camino a través del valle que ahora era mi jardín.

La carreta cargaba comida, libros, ropa y herramientas de hierro. El guía le preguntaba a un colonizador acerca de lo que encontrarían más adelante. Los colonos estaban utilizando mi jardín como lugar de descanso, mientras buscaban un sitio adecuado en donde construir una cabaña de madera.

Cuando ya los colonos se preparaban para irse, el arroyo se cubrió de niebla. Al aclararse, vi a un grupo de nativos americanos. Ellos esperaban su turno para disparar sus arcos y flechas a un blanco. En el mismo sitio en donde hoy tenemos nuestra parrillera, una mujer cocinaba una carne que chisporroteaba sobre el fuego. Las calabazas, bellotas, bayas y el maíz recién recogidos me hicieron pensar que ésta tenía que ser una celebración de la cosecha antes de que los primeros colonizadores llegaran de Europa.

De repente, como si fuera invierno, empezó a caer nieve. Durante la tormenta sentí que el tiempo retrocedía muy rápidamente. Mil años. ¡Diez mil años! Estabamos en la época en que grandes capas de hielo descendieron desde el norte y cubrieron la tierra.

Cuando la nieve disminuyó, mi jardín quedó cubierto de hielo, de un color blanco azulado cuyo pico más alto tenía el espesor de un kilómetro y medio. Sólo se oía el crujido del hielo raspando las rocas y la tierra congelada, mientras éste se movía hacia adelante con su gran peso.

El hielo desapareció en un pestañear de mis ojos. Había ahora gente vestida con pieles de animales, tratando de mover un animal que se parecía a un gran elefante peludo. Vi a una familia asustada agachada cerca del fuego. Ellos sostenían herramientas hechas de piedra. Pude ver pinturas hechas sobre una pared de roca plana en el albergue en donde dormían.

Entonces el animal y la gente huyeron, y mi jardín lució mucho más cálido. Prados muy altos y árboles gigantescos crecían en una tierra de belleza salvaje, una tierra en la que ningún ser humano había caminado jamás.

Los animales no se parecían a los que yo había visto en el zoológico. A medida que se acercaban al arroyo para beber, comprendí que este valle pertenecía a estas criaturas.

Parecían como primos lejanos de camellos, jirafas, hipopótamos, monos y otros animales que ya no viven en ningún sitio cerca de mi jardín.

Observé una vez más cómo los años se escabullían. Ahora los árboles parecían palmeras y helechos, y mi jardín era pantanoso y caliente.

Enormes dinosaurios vivían en mi jardín, y comían plantas tropicales en la bruma matutina. Parecían como una familia de apatosaurios. Pájaros fantásticos volaban por el cielo, el cual se veía extrañamente brillante. ¡Un dinosaurio bebé pastaba justo frente a mi ventana!

¡Ni mis sueños más fantásticos podrían compararse con mi jardín millones de años atrás!

Ahora aparecieron árboles enormes, extraños, y el aire se llenó con el olor de hojas descompuestas. Vi animales que se parecían a los antecesores de los lagartos y de los ciempiés. Libélulas gigantes volaban rozando la superficie del agua y de la tierra pantanosa. Los árboles tenían troncos verdes, pero no podía ver muy bien lo que había entre ellos porque el ambiente estaba cargado de neblina.

La vista desde mi ventana se hizo borrosa a medida que el agua del pantano se hizo más y más profunda. Cuando toda la tierra quedó sumergida en el agua, vi a un pez enorme con grandes dientes que perseguía a dos tiburones. Alrededor del coral y de las algas había peces extraños que tenían caparazones duros.

Luego, las aguas comenzaron a hacerse poco profundas. Los peces desaparecieron y las plantas quedaron reducidas a algas verdes y azules. El agua pantanosa de color marrón verdoso reflejaba la luz del sol en un cielo extraño y misterioso. Medusas redondas se movían rítmicamente. Unos animales, que parecían como cuencos al revés con patas, caminaban a través del fondo pantanoso, entre esponjas y abanicos de mar.

Entonces vislumbré un mundo tan extraño que casi no podía creer lo que estaba viendo. Había una playa con manantiales de azufre que emitían silbides, y unas extrañas algas con forma de cúpula constituían la única forma de vida. En la distancia, un volcán arrojaba humo. Era difícil creer que este lugar era mi jardín, cuatro mil millones de años atrás al comienzo de la vida en nuestro planeta.

Me sobresalté cuando oí la voz de mi mamá:
"¿Dónde estás? ¡Ven a desayunar!" Su voz me sacó
del pasado y me trajo al presente. Traté de pensar en
lo que el nuevo día traería por delante, pero mi
mente estaba todavía muy lejos pensando en todo lo
que había visto: la gente, los animales y las plantas
que habían vivido allí hacía tantos años.

Desde entonces, he estado tratando de encontrar
huesos y fósiles que pudieran haberse quedado en el
lugar más sorprendente: mi propio jardín.

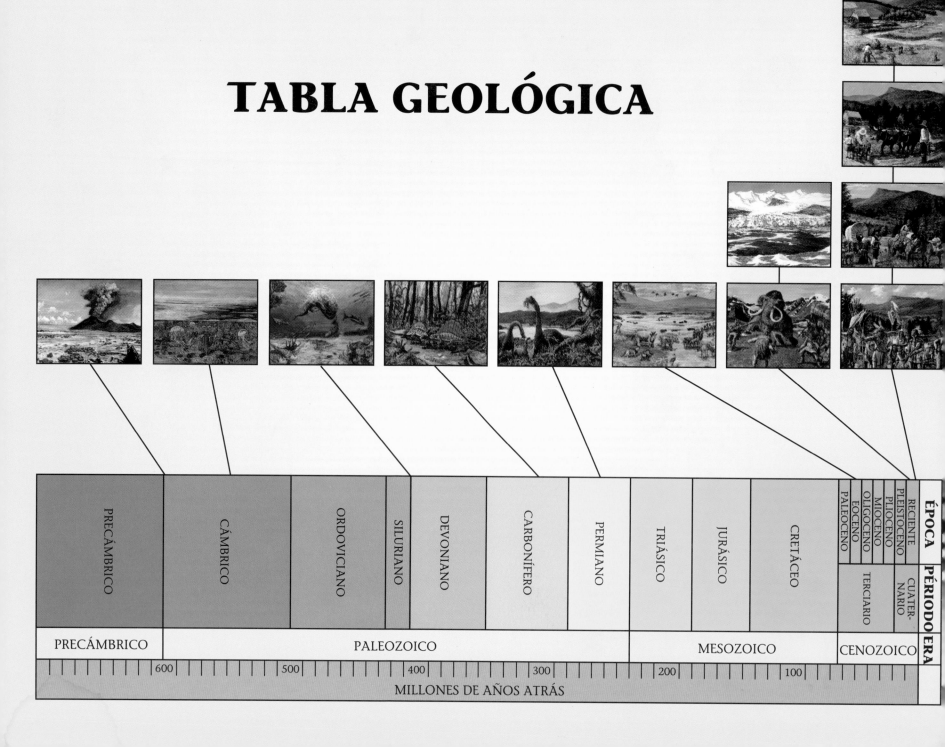

TABLA GEOLÓGICA

	PRECÁMBRICO	CÁMBRICO	ORDOVICIANO	SILURIANO	DEVONIANO	CARBONÍFERO	PERMIANO	TRIÁSICO	JURÁSICO	CRETÁCEO	PALEOCENO / EOCENO / OLIGOCENO / MIOCENO / PLIOCENO / PLEISTOCENO / RECIENTE	ÉPOCA
											TERCIARIO / CUATER-NARIO	PÉRIODO
	PRECÁMBRICO	PALEOZOICO						MESOZOICO			CENOZOICO	ERA

	600	500	400	300	200	100

MILLONES DE AÑOS ATRÁS